KB083500

니체, 사랑에 대하여

Nietzsche on Love

니체, 사랑에 대하여

초판 1쇄 인쇄 2023년 4월 13일
초판 1쇄 발행 2023년 4월 20일

–

지은이 프리드리히 니체
엮은이 울리히 베어
옮긴이 최성희
펴낸이 이방원
책임편집 정우경
마케팅 최성수·김 준   **경영지원** 이병은

–

펴낸곳 세창미디어
　　　신고번호 제2013-000003호   주소 03736 서울시 서대문구 경기대로 58 경기빌딩 602호
　　　전화 02-723-8660   팩스 02-720-4579   **이메일** edit@sechangpub.co.kr
　　　홈페이지 http://www.sechangpub.co.kr   블로그 blog.naver.com/scpc1992
　　　페이스북 fb.me/Sechangofficial   **인스타그램** @sechang_official

–

ISBN 978-89-5586-759-6   03160

ⓒ 최성희, 2023

니체, 사랑에 대하여

Nietzsche on Love

프리드리히 니체 지음 · 울리히 베어 엮음 · 최성희 옮김

차례

니체, 사랑에 대하여 7

사랑받기 원한다는 것

사랑받기를 요구하는 것은 크나큰 자만이다.

사랑으로 하는 일은 무엇이든 늘 선과 악을 초
월한다.

우리가 삶을 사랑하는 이유는 삶에 익숙해서가
아니라, 사랑에 익숙하기 때문이다. 정말 그렇다.

사랑 때문에 펼쳤던 손을 오므리고, 베푸는 입
장이면서도 항상 수치스러워지는 것. 이것이야
말로 가장 어려운 일이다.

사랑한다는 건, 상대방이 나와는 전혀 다르며, 정반대의 방식으로 생활하고 행동하며 느낀다는 사실을 이해하고 좋아하는 것 아닌가? 사랑이 이러한 정반대의 방식을 기쁨으로 연결하는 역할을 한다면, 그 정반대의 방식들을 극복하거나 거부할 수 없다. 심지어 자신을 사랑하는 일조차도 한 사람 속에 있는, 융합될 수 없는 이중성(또는 다중성)을 전제 조건으로 하니까 말이다.

언젠가 그대는 자신을 넘어선 사랑을 하게 될 것
이다! 그러니 우선 사랑하는 방법을 배워라! 그
것이 그대가 사랑의 쓴잔을 들어야만 했던 이유
이다. 최고의 사랑에도 쓴맛이 있으니….

내 안에서 타오르는 사랑의 열망이 사랑의 언어
를 말하고 있다.

가끔 우리는 사랑으로 질투를 초월하기를 바라
기만 한다.

✿

모든 위대한 사랑은 이렇게 말한다. 사랑은 용
서와 동정조차도 극복한다고.

그대는 세상과 세속적인 것을 너무 사랑한다. 내가 이제까지 제대로 짐작했다! 그러나 그대의 사랑에는 수치심과 비뚤어진 양심이 있다. 그 사랑 속에서 그대는 달을 닮았다.

사랑하는 것과 소멸하는 것. 이 둘은 영원히 함께 간다. 사랑하려는 것은 기꺼이 죽고자 하는 것과 같은 의미이니까.

✿

나는 내 아이들에 대한 사랑에 매여 있었다. 욕
망 때문에 이 덫에 갇혔다. 사랑에 대한 욕망으
로, 나는 아이들의 제물이 되고 그들을 위해 나
자신을 버리고자 했다.

나는 평생 단 한 번도 강한 자 앞에서 굽실거린 적이 없다. 내가 거짓말을 했다면, 그건 사랑 때문이다.

모든 위대한 사랑은 사랑만을 원하지 않는다.
더 많은 것을 원한다.

더는 사랑할 수 없는 지점에 이른다면, 그대가 해야만 하는 것은 바로 이것이다. 그냥 지나쳐라!

마침내 차라투스트라는 마음을 바꿨다. 그리고 어느 날 아침 그는 새벽에 일어나 태양을 향해 말했다. "그대 강력한 별이여! 그대가 빛을 비추어 줄 존재가 없었다면, 행복하겠는가!"

인간의 위대함은 그가 지나가는 다리일 뿐, 목적이 아니라는 데 있다. 인간이 사랑받을 수 있는 것은 그가 지나가는 존재이자 쇠퇴하는 존재이기 때문이다.

⚓

사랑이 오래갈 수 있는 이유는 (심지어 행복할 때도) 인간이 끝까지 쉽사리 소유되지 않고, 끝까지 쉽사리 정복되지 않기 때문이다. 인간의 영혼에는 여전히 발견되지 않은 새로운 심연과 아직 열리지 않은 숨겨진 공간이 있고, 사랑은 그곳으로 끝없이 탐욕스럽게 도달하려 한다. 하지만 사랑은 그 사람의 한계를 경험하자마자 끝나 버린다.

남자의 질병

자기 경멸이라는 남자의 질병을 가장 확실히 예방하는 방법은 현명한 여자의 사랑을 받는 것이다.

사랑받고 있음을 알면 알수록, 인간은 더는 사랑받을 가치가 없어지고 관계가 틀어질 때까지 더 모질게 군다.

사랑의 증거

누군가 말했다. "나는 두 사람에 대해 한 번도 깊게 생각해 본 적이 없다. 이것이 그들을 향한 내 사랑의 증거이다."

완벽한 통찰력은 사랑을 통해서만 얻게 된다.

그대가 세상이라고 부르는 것은 우선 그대를 통해 창조되어야 한다. 이 세상은 그대의 이성, 그대의 이미지, 그대의 의지, 그대의 사랑이 되어야 한다!

아주 고귀한 새싹을

조심해서 다듬기.

사랑의 무게마다

한 줌의 자기 경멸을 심어 두기!

⚘

이제 밤이다. 솟아오르는 모든 샘은 이제 더욱 큰 소리로 흐른다. 나의 영혼도 한 줄기 솟아오르는 샘물이다.

이제 밤이다. 사랑하는 사람들의 모든 노래가 이제야 깨어난다. 나의 영혼 또한 연인의 노래이다.

❦

이제 내 사랑의 물결을 길도 없이 아득한 곳으로
떨어지게 두라! 그 떨어지는 물길이 끝내는 바다
에 이르는 길을 찾으리니! 내 마음에는 은둔자
처럼 조용히 숨어 자족하는 호수가 있다. 하지
만 내 사랑의 큰 물길은 호수의 둑을 허물고서
망망대해로 뻗어 간다.

사랑의 불길과 분노의 불길이 모든 미덕이라는
이름으로 이글거린다.

친절의 절제

친절과 사랑은 인간의 행위 중 가장 효과적인 치료제이자 아주 귀하게 찾아낸 것들이다. 그래서 사람들은 아마 이 향기로운 치료제를 되도록 절제하여 사용하기를 바랄지도 모른다. 하지만 이는 불가능하다. 친절을 절제한다는 것은 가장 무모한 몽상가의 꿈이다.

❧

사람은 행동을 약속할 수 있지만, 감정을 약속할 수는 없다. 감정은 의지로 조종될 수 없기 때문이다. 변함없이 사랑하겠다거나 미워하겠다거나, 충실하겠다고 약속하는 사람은 자신이 할 수 없는 일을 약속하는 것이다. 물론 그렇게 행동하는 것은 약속할 수 있다. 즉, 그런 행동은 사랑, 증오, 충실함에서 주로 비롯되기도 하지만, 다른 동기에서 비롯될 수도 있다. 여러 가지 방법이나 동기로 인해 같은 행동을 할 수도 있기 때문이다. 누군가를 영원히 사랑하겠다는 약속은 다음과 같은 의미를 지닌다. 내가 너를 사랑하게 되지 않더라도, 다른 동기에 의해서 똑같은 행동을 할 것이다. 그래서 상대방의 마음속에는 사랑은 변하지 않으며 언제까지나 똑같다는 인상이 남게 된다. 따라서 우리가 자신을 속이지 않고 누군가에게 영원한 사랑을 맹세할 경우, 그것은 사랑의 겉모습이 지속되리라 약속하는 것이다.

사랑과 정의

우리는 사랑을 정의에 비교하면서 과대평가하고, 마치 사랑이 정의보다 본질적으로 더 고상한 것처럼 최고의 찬사를 아끼지 않는다. 왜 그럴까? 사랑은 정의보다 어리석은 것 아닌가? 물론이다. 하지만 사랑이 정의보다 어리석으므로 사람들은 사랑을 정의보다 훨씬 좋아한다. 사랑은 어리석고, 풍부하게 베풀어 준다. 받을 자격이 있건 없건 상관없이, 심지어 고마워하지도 않는 사람에게도 풍족히 베푼다. 성서의 내용과 경험이 말하듯이, 사랑은 정의롭지 못한 사람뿐만 아니라 상황에 따라서는 정의로운 사람에게도 골고루 내리는 비처럼 공평하다.

명예는 사람에게서 사물로 옮겨 간다

우리는 가까이에 있는 것들에게 바치는 사랑과 헌신의 행동을 명예롭다고 한다. 그 행동이 어디서 나타나든 상관없이 이러한 칭찬은 사물들의 가치를 높여 준다. 원래는 대단하지 않은 것들이지만 사람들은 이런 식으로 애정을 쏟으며 희생을 감수한다. 소위 용감하다는 군대도 전쟁의 명분을 자신에게 납득시키는 것이다.

결혼은 긴 대화와 같아서

결혼할 때 그대는 다음과 같이 자신에게 물어야
한다. 이 여자와 노년까지 좋은 대화를 나눌 수
있다고 믿는가? 결혼 생활에서 일어나는 모든
일은 일시적이지만, 함께 보내는 시간 대부분은
대화하는 일과 관련될 것이다.

결혼이란, 자신들보다 더 나은 사람을 창조하려는 두 사람의 의지이다. 서로에 대한 존경심을 실현하려는 두 사람의 의지를 나는 결혼이라고 부른다. 이것이 그대가 말하는 결혼의 의미이고 진리여야 한다. 하지만 많고 많은 사람, 쓸모없는 잉여인간들이 결혼이라고 말하는 그것. 아, 그것을 뭐라고 일컬어야 할까? 두 인간이 만든 영혼의 이 궁핍함! 아, 두 인간이 만든 영혼의 이 쓰레기! 아, 두 사람이 만든 이 한심한 안락함!

이 모두를 그들은 결혼이라고 부른다. 그리고 결혼을 하늘에서 맺어 주었다고 말한다. 그렇다면 나는 이 잉여인간들이 일컫는 하늘이 싫다! 아니, 나는 이들, 하늘이 맺어 주었다는 이런 짐승들이 싫다! 자신이 짝지어 주지도 않았으면서

축복하고 절뚝거리며 다가오는 신도 멀리 가 버려라! 하지만 이러한 결혼을 비웃지는 마라! 자신의 부모를 위해 울어야 할 이유가 없는 자식이 어디 있겠는가?

⚰

그를 사랑의 신이라고 칭송하는 사람은 누구든지 사랑이 무엇인지 제대로 알지 못하는 사람이다. 이 사랑의 신은 재판관도 되고자 하지 않았던가? 그러나 사랑하는 사람은 보상이나 앙갚음도 개의치 않고 사랑을 한다.

자신의 사랑이 습격해 오는 것을 경계하라! 고독한 사람일수록 앞에 있는 아무나에게 빨리 손을 내민다.

관능의 정신화를 우리는 사랑이라 부른다.

사랑이란 인간이 상황을 현실과 다르게 판단하려는 상태이다. 환상의 힘은 상황을 보기 좋게 꾸미고 바꾸는 듯하면서 정점에 달한다. 사랑에 빠져 있을 때 인간은 어느 때보다도 더욱 잘 견디며, 모든 것을 너그럽게 받아들이는 것이다.

타인을 사랑하는 것은 잔인하다. 그 밖의 모든 사람을 무시하기 때문이다. 신에 대한 사랑조차도 무시된다.

초인적인 열정에 대한 믿음의 가치

결혼 제도에는 사랑에 대해서 다음과 같이 완고한 믿음이 존재한다. 사랑이란 일종의 정열임에도 불구하고 변하지 않을 수 있다는 믿음, 그리고 그 지속적이며 전 생애에 걸친 사랑이 인간의 규범으로 자리 잡을 수 있다는 믿음이 그것이다. 이 고귀한 믿음은 매우 자주, 그리고 거의 어긋나기 때문에, 이 믿음은 일종의 경건한 허위에 불과하다. 하지만 그런데도 그 믿음은 끈질기게 신봉되어서, 사랑은 결혼 과정을 거치면서 한층 더 고결한 위치로 격상된다.

정열의 본질을 외면한 채 정열이 지속될 수 있다고 믿는 것, 그리고 그 지속성을 믿으며 지속시킬 책임을 인정하는 모든 제도가 정열에 더 높은 위상을 부여했다. 또한, 그러한 정열에 사로잡힌 사람은, 이전에 그랬듯이 정열 때문에 자신의 품위가 더럽혀졌다거나 위태롭게 되었다고 여기지 않고 오히려 자신과 자신의 동류들보다도 높아졌다고 믿는다. 잠깐 타오르는 열렬한 숭배에서 영원한 정절을 창조하고, 불타는 분노의 욕망에서 영원한 복수를 만들며, 절망에서 영원한 비애를 자아내고, 충동적인 일회성의 약속으로부터 영원한 의무를 창조한 제도와 풍습을 생각해 보라. 그와 같은 변화로 극히 많은 거짓과 위선이 생겨났다. 하지만 매번, 이 대가를 치르면서, 새로우면서도 인간을 고양시키는 초인 개념이 탄생했다.

그대가 하는 최고의 사랑이라는 것은 한갓 열띤 비유이자 고통스러운 열정일 뿐이다. 사랑이란 인간이 걸어가는 보다 숭고한 길을 비춰 주는 횃불이어야 한다.

사랑에는 언제나 어느 정도 광기가 있다. 그러나
그 광기에도 언제나 어느 정도 이성이 존재한다.

나는 이제 신을 사랑한다. 인간을 사랑하지 않는다. 인간은 나에게 너무 불완전한 존재이다. 인간에 대한 사랑은 나를 죽일 것이다.

⚱

인간이 가진 성적 취향의 정도와 종류는 정신성
의 정점까지 도달한다.

"이타주의"의 원인

사람들은 언제나 사랑을 매우 강조하고 신성시하며 숭상했다. 이제껏 사랑을 조금밖에 경험하지 못했고, 그 사랑으로 자신을 가득 채우는 것이 허용되지 않았기 때문이다. 그래서 사람들은 사랑을 소위 "신들의 음식"이라 여겼다. 만약에 어떤 시인이 다른 사람들을 향한 보편적인 사랑이라는 유토피아적 이미지를 실제로 존재하는 것처럼 표현하려 들었다면, 그는 그런 사랑을 분명히 아직 이 지상에 존재한 적이 없는 고통스럽고 가련한 상태로 묘사할 수밖에 없었을 것이다. 그 상태란 요즘 사람들의 사랑처럼 오직 한 사람이 숭배하고 쫓아다니고 갈망하는 것이 아니라, 수천 명, 아니 모든 사람이 억제할 수 없는 충동으로 숭배하고 쫓아가고 열망하는 상태이다. 이렇게 묘사한다면, 요즘 사람들은 이 상태를 매도하고 저주할 것이다. 마치 예전 사람들이 이기심을 매도하고 저주했던 것처럼 말이다.

이런 상태에서 그 시인들에게 충분히 상상할 기회를 준다면, 그들은 행복하고 사랑이 존재하지 않는 과거만을 꿈꿀 것이다. 그 시절에는 숭고한 이기심, 일찍이 지상에 존재 가능했던 고독함, 평온함, 인기 없음, 증오받는 것, 경멸당하는 것, 또 우리가 사는 아름다운 동물적 세계의 천박함이라 일컬어지는 것은 무엇이든지 존재했었다.

마침내 에로스에 대한 악마화는 희극적 전환점을 맞이했다. 소위 "악마"로 묘사된 에로스는 점차 어느 천사나 성인들보다도 인간의 관심을 가장 많이 끌었다. 이러한 전환은 교회에서 연애에 관해서는 일체 모호하게 처리하거나 비밀리에 부친 덕분에 일어난 일이다.

결혼을 '시민적' 의미로, 가장 존경할 만한 의미에서 생각해 보면, 시민적 의미의 결혼에서는 돈을 중요시하지 않는다. 마찬가지로, 사랑도 전혀 중요하지 않다. 어떤 제도도 사랑을 기초로할 수 없다. 결혼은 사회적 용인이 중요하며, 그 용인 아래, 두 사람은 정해진 상황 속에서 성적욕망을 나눈다. 물론, 그 상황이란 사회적 이해관계를 전제로 한다. 두 사람이 서로 느끼는 성적 매력, 인내, 화목, 서로에 대한 배려라는 선한의지가 그러한 계약의 전제 조건임은 분명하다.하지만 이를 사랑이라는 어휘로 잘못 표현하면안 된다! 사랑이라는 어휘에 내포된 완전하고 명확한 의미에서 보면, 두 연인에게 성적 만족은본질적인 것이 아니고 하나의 상징에 불과하다.말하자면 한쪽에게는 조건 없는 예속의 상징이고, 다른 한쪽에게는 예속에 대한 동의의 상징이자, 독점의 표시다.

결혼을 귀족적 의미나 고대 귀족적 의미에서 생각해 보면, 결혼에서는 종족의 번식이 중요한 문제였다. (그런데 지금도 귀족이 존재하는가?) 즉, 확고하고 특정한 유형의 지배적 인간을 보존하는 것이 중요했다. 남자와 여자는 이러한 생각 때문에 희생된 것이다. 여기서 사랑은 첫 번째 필요조건이 전혀 아니었다. 오히려 그 반대였다! 심지어 좋은 시민적 결혼의 조건인, 서로에게 얼마나 선한 의지가 있는가도 첫 번째 필요조건이 아니었다. 가문들 간의 이해관계가 무엇보다 결정적이었고, 그보다 우선되는 것은 계급이었다. 모든 탄탄한 귀족 계급에서뿐만 아니라, 고대 아테네와 18세기의 유럽에서도 엄격히 지배적이었던 그와 같은 고귀한 결혼 개념을 생각하면, 그들의 냉철함, 엄격함, 계산적 명료함 앞에서, 섬세한 우리 온혈 동물들, "현대인"이라는 우리는! 다소 등골이 서늘해진다. 정확히 다시 말하면, 사랑을 열정으로 여기는 생각은 강요와 궁핍이 가장 심했던 귀족 세계에서, 귀족 세계를 위해 만들어진 것이었다.

인간을 고귀하게 하는 것은 고귀한 감각의 힘이
아니라 그 감각의 지속성이다.

사랑받고 있다는 것을 알면서도 사랑하지 않는 사람은 그 마음의 침전물을 보여 주는 셈이다. 바로 맨 밑바닥에 가라앉아 있던 부분이 표면으로 올라온다.

사랑을 배우기

인간은 어릴 때부터 사랑하는 방법을 배우고 친절하게 행동하는 것도 배워야 한다. 교육과 기회를 통해 이런 감각들을 훈련하지 않으면, 우리의 영혼은 메마르며, 다정한 사람들이 만든 이렇게 섬세한 장치들을 이해할 수 없게 된다. 마찬가지로 사무치게 증오하는 사람이 되려면, 증오도 배우고 길러야 한다. 그렇지 않으면 그 싹이 점차 메말라 죽어 버릴 것이다.

사랑

사랑하면 연인의 욕정까지도 용서한다.

사랑이라 불리는 모든 것

소유욕과 사랑. 이 두 단어가 서로 얼마나 다른 느낌을 불러일으키는지! 하지만 이 두 단어는 같은 충동을 일컬을지도 모른다. 즉, 폄하하는 표현일 때는 이미 소유하고 있는 사람이자, 그 소유의 충동이 어느 정도 해소되고 이제는 그 "소유물"이 두려운 사람에 의해 사용되며, 또 다른 때는 당연히 "좋은 것"으로 칭송되는 표현으로, 아쉬워하고 갈망하는 사람에 의해 사용된다.

네 이웃을 사랑하라 — 이 말은 새로운 소유를 갈망한다는 의미 아닐까? 또 마찬가지로 우리들의 앎에 대한 사랑, 진리에 대한 사랑도 새로운 어떤 대상을 갈망하는 것이 아닐까? 우리는 낡은 것, 확실히 소유하고 있는 것에 점차 권태를 느끼며 다시 다른 것에 손길을 뻗친다. 그 어떤 아름다운 풍경이라 할지라도 그 속에서 3개월 정도 생활하면 우리는 더는 사랑을 느끼지 않는다. 그리하여 어딘가의 먼 해변이 우리의 갈망을 자극한다. 소유물은 소유함으로써 시시해지는 것이다.

우리는 수도 없이 무언가 신기한 것을 자신 속에 변형시켜 섭취함으로써, 자신이 느끼는 희열을 유지한다. 소유란 바로 그러한 것이다. 이미 가진 것에 권태를 느끼는 이유는 자기 자신이 권태롭기 때문이다. (너무 많아도 사람들은 고민한다. 즉, 버리거나 나누어 주고 싶은 욕구도 또한 "사랑"이라는 고귀한 이름으로 상정할 수 있다.) 누군가가 고통스러워할 때, 이를 기회로 삼아 그 사람의 소유분을 침해한다. 예컨대 소위 자선과 동정을 베푸는 사람들이 바로 이런 행동을 한다. 그들도 역시 자기 마음에 생긴 새로운 소유에의 욕망을 "사랑"이라 부르며, 새로운 정복을 예측하며 희열을 느낀다.

그런데 소유하려는 갈망은 성적인 사랑에서 가장 확실하게 나타난다. 사랑하는 자는 상대방을 무조건 독점하고자 한다. 그는 상대방의 마음과 육체에 대한 절대권을 요구한다. 그는 연인의 사랑을 독차지하고자 하며, 상대방에게 최고의 존재가 되어서 지배하려 든다.

성적인 사랑에는 오직 세상 모두를 소중한 가치, 행운, 그리고 즐거움에서 배제한다는 것 이외에 아무런 의미도 없다는 것을 생각한다면, 그리고 사랑하는 사람은 모든 연적을 무력화하고 그들의 소유물을 박탈하며, 모든 "정복자"와 착취자 중에서 가장 가혹하고 이기적인 사람으로서 자신의 황금 보물을 지키는 용이 되고자 한다는 것을 생각한다면, 그리고 마지막으로, 사랑하는 사람은 자신 이외의 모든 세계를 무의미하고 무미건조하며 무가치하게 느끼고, 어떤 희생도 감수하고자 하며 세상 질서를 교란하려 하고, 어떤 이득도 중요시하지 않는다는 것을 생각하면, 우리는 성적인 사랑에 내포된 저속한 소유욕과 부당함이 오랜 시간 동안 저토록 찬양되고 신성화된다는 사실에 어리둥절할 수밖에 없다.

그러한 사랑의 양상 때문에 사람들은 이제까지 사랑을 이기심의 반대 개념으로 여겼다. (사실 사랑은 이기심을 가장 솔직하게 묘사한 표현이 될 수 있는데도 말이다.) 분명히, 소유하지 못하고 갈망하는 자가 이러한 언어 용법을 만들었을 것이다. 정말이지 많은 사람이 늘 그리했을 것이다. 이 영역에서 많이 소유하고 만족하는 것이 가능했던 사람들은 때때로 "분노한 마귀"에 관해 말했을 것이다. 아테네 사람 중에서 그 누구보다도 사랑스럽고 사랑받은 자, 소포클레스처럼.

하지만 에로스는 늘 이런 신성 모독자들을 조롱했다. (에로스는 항상 이들을 아주 좋아했다.) 이 세상 곳곳에는 일종의 지속적 사랑이라는 것이 존재할 수도 있다. 그 사랑에는 두 사람의 탐욕적인 갈망이 지속적으로, 새로운 욕망과 소유욕, 자신들을 초월한 어떤 이상을 공유하는 더 숭고한 열망과 더불어 솟아난다. 그런데 누가 이러한 사랑을 알겠는가? 누가 이 사랑을 경험했겠는가? 그 사랑의 온전한 명칭은 우정이다.

이웃을 사랑하는 것에 대하여

그대들은 가장 가까운 사람들에게 몰려들어 듣기 좋은 말을 늘어놓는다. 하지만 말하건대, 그런 이웃 사랑은 그대들에게 해롭다. 그대들은 자신을 피해서 이웃에게로 달아나, 거기서 일종의 선행을 하고자 한다. 하지만 나는 그대들의 소위 "이타성"이 무엇인지 알 수 있다. '너'라는 말은 '나'라는 말보다 오래되었다. '너'라는 말은 신성하게 불리지만, '나'라는 말은 아직 그렇지 않다. 그래서 사람들은 가장 가까운 곳에 있는 사람에게 매진한다. 내가 그대들에게 이웃 사랑을 권하겠는가? 차라리 나는 그대들에게 이웃에게서 달아나 가장 멀리 있는 자를 사랑하라고 권할 것이다. 이웃에 대한 사랑보다도 가장 먼 곳에 있는 자, 미래에 올 사람에 대한 사랑이 더 고귀하다. 심지어 다른 사람들을 사랑하는 것보다 사물과 눈에 보이지 않는 환영을 사랑하는 것이 더 고귀하다. 형제여, 그대보다 앞서 가는 환영은 그대보다 아름답다. 왜 그 환영에게 그대의 살과 뼈를 나누어 주지 않는가? 하지만 그대는 두려워하며 이웃에게 도망가는구나.

그대는 자신을 견디지 못하고 충분히 사랑하지도 못한다. 이제 그대는 가장 가까운 이웃을 사랑으로 유혹하려 하고, 이웃의 잘못을 발판 삼아 자신이 돋보이고자 한다. 나는 그대가 온갖 부류의 이웃과 그 이웃의 이웃을 견디지 못하기를 바란다. 그리하여 그대는 자신에게서 그대의 벗과 그 벗의 넘쳐흐르는 마음을 창조해야 할 것이다. 그대는 자신에 대해 좋게 말하고자 할 때 이웃을 증인으로 끌어들인다. 그대는 증인이 그대에 대해 좋게 생각하도록 유혹하고 나서 그대 스스로 자신을 좋게 여긴다. 자신이 아는 것과 반대로 말하는 사람만이 거짓말을 하는 것이 아니라, 바로 자신이 모르는 것과 반대로 말하는 사람도 거짓말을 하는 것이다. 그리하여 그대들은 이웃과 만나 그런 식으로 자신에 대해 말함으로써 자기 자신은 물론이고 이웃마저 속이는 것이다.

그래서 어리석은 사람은 다음처럼 말한다. "사람들과 함께 있으면 성격을 망친다. 특히 개성이 전혀 없을 때 그렇다." 어떤 사람은 자기 자신을 찾으려고 이웃에게 가고, 또 다른 사람은 자신을 잃고 싶어서 이웃에게 간다. 그대 자신에 대한 그대의 그릇된 사랑은 고독으로 감옥을 만든다. 그대의 이웃 사랑 때문에 대가를 치르는 사람은 보다 멀리 있는 자들이다. 그대들이 다섯 명 모이면 여섯 번째 사람은 언제나 죽어야 한다.

나는 그대의 축제도 좋아하지 않는다. 배우들이 너무 많았고, 관객들마저도 자주 배우처럼 행동했기 때문이다. 나는 그대에게 이웃이 아니라 친구에 대해 가르친다. 친구는 그대에게 이 대지의 축제요, 초인을 예감하게 하는 사람이어야 한다. 나는 그대에게 친구와 그 친구의 넘치는 마음에 대해 가르친다. 그런데 넘치는 마음에서 사랑을 받으려면 그대는 스펀지처럼 그 마음을 흡수할 수 있어야 한다. 나는 그대에게 세계가 선의 형상으로 완성되어 있는 친구에 대해 가르친다. 언제나 완성된 세계를 선사할 수 있는 창조적인 친구를. 그리고 일찍이 세계가 친구 앞에서

굴러가 흩어졌던 것처럼, 이제 세계는 다시 둥그런 고리를 이루며 친구에게로 되돌아온다. 악을 통해 선이 생기고, 우연에서 목적이 생기듯이. 미래에 존재하며 가장 멀리 떨어져 있는 대상이 지금 그대의 명분이 되어야 한다. 그러니 그대는 친구가 가진 초인을 자신의 명분으로 삼고 사랑해야 한다. 형제여, 나는 그대에게 그대의 이웃을 사랑하라 권하지 않는다. 가장 멀리 있는 이를 사랑하기를 권한다.

차라투스트라는 이렇게 말했다.

고독한 자여, 그대는 연인의 길을 가고 있다. 그대는 자신을 사랑한다. 그렇기에 연인들만이 경멸하는 방법으로 자신을 경멸한다.

↓

가장 용서받기 어려운 한 가지는 자기 자신을 존경하는 것이다. 그런 사람은 한마디로 밉상이다. 왜냐하면, 그는 타인과 모든 다른 사람의 유일한 덕목인 관용이 정말로 어떤 의미인지 깨닫게 하기 때문이다…. 나는 모든 사람이 자기 자신을 존경하는 것에서 시작하기를 바랐다. 다른 모든 것은 그다음에 온다. 물론 이렇게 하면서 타인과의 관계는 끝난다. 자신을 존경하는 것이야말로 타인이 용서하기 가장 어려운 것이다. "뭐라고? 자기 자신을 존경하는 인간이라고?"

그런데 이것은 자기 자신을 사랑하는 맹목적 충동과는 다른 것이다. "자아"라고 불리는 이원성의 경우처럼, 이성 간의 사랑에서도 가장 흔한 일은 스스로가 사랑하는 것을 경멸하는 것이기 때문이다. 이것이 바로 사랑의 숙명이다.

✡

그대가 용감하게 사랑하기를! 사랑의 이름으로, 그대는 두려운 상대라면 누구든지 공격해야 한다! 그대가 명예롭게 사랑하기를! 여자는 사랑을 통해서가 아니면 명예를 거의 이해하지 못한다. 사랑받기보다는 언제나 더 사랑하려 하고 사랑하면서 절대로 뒤처지지 않는 것. 이것을 그대의 명예로 삼아라.

남자는 여자가 사랑할 때 두려워해야 한다. 사랑에 빠진 여자는 어떤 희생도 감내할 것이며, 사랑 외의 다른 것은 모두 무가치하다고 여기기 때문이다.

아모르파티[운명의 사랑]

아모르파티. 이제부터 나는 이 말을 사랑할 것이다! 추한 것을 상대로 전쟁하길 바라지 않는다. 비난하려고 하지 않는다. 나를 비난하는 사람들도 비난하길 바라지 않는다. 외면하는 것이 나의 유일한 거부의 행동이 될 것이다! 또한, 온전히, 언젠가 나는 오로지 긍정하는 자가 되고 싶다!

여자가 하는 모든 종류의 사랑에는 반드시 모성
애가 포함되어 있다.

모든 열렬한 사랑은, 변심이라는 사악한 장난을
단번에 없애고자 사랑하는 대상을 죽인다는 잔
인한 생각을 유발한다. 사랑할 때는 파멸보다
변심이 더 두렵기 때문이다.

금지된 관용

세상에는 교만한 자에게까지 주어 버릴 정도로
사랑과 자비가 충분하지 않다.

과학, 정치, 문화, 그리고 예술과 같은 일에 열정을 쏟는 사람은 누구나, 타인에게 주던 열정의 불꽃을 거두어들인다.

필요할 때의 친구

가끔 우리의 친구 중 어떤 사람이 우리가 아닌 다른 사람과 더 친해지려고 하면서도 예민해서 자신의 결정을 괴로워하고, 이기적으로 행동하기를 망설일 때가 있다. 이럴 때 그를 위하는 일은 그를 모욕하여 멀어지게 하는 것이다. 이것은 우리가 그에게 해로운 생각을 할 때도 똑같이 필요하다. 즉 그를 사랑하는 마음으로, 우리는 스스로에 대한 부당함을 감수하면서라도 그를 위해 절교를 하는 선한 양심을 가지려 노력해야 한다.

유령으로서의 친구

우리가 심한 변화를 겪을 때, 변하지 않았던 친구들은 과거 우리 자신의 유령이 된다. 그들의 목소리는 우리 귀에 생경한 그림자처럼 들린다. 마치 지금보다 더 젊고 더 단단하며 덜 성숙한 우리 자신의 목소리를 듣는 것 같다.

억지로 집중하기

누군가가 우리와 사귀고 대화하면서 억지로 집
중하려고 애쓰는 것을 알게 된다면, 그가 우리
를 사랑하지 않거나 더는 사랑하지 않는다는 확
실한 증거를 잡은 것이다.

친구

힘들 때가 아니라, 함께 즐거워할 때 진정한 친
구가 된다.

결국, 인간이 사랑하는 것은 자신의 욕망이지,
욕망하는 대상은 아니다.

사랑

기독교가 다른 종교를 능가하는 가장 교묘한 기술은 사랑이라는 말이다. 즉, 기독교는 사랑에 관해 말했다. 그래서 기독교는 서정적인 종교가 되었다. (반면에 셈족의 문화에서는 두 가지 창조를 통하여 세상에 영웅적-서사적 종교를 선사했다.) 사랑이라는 말 속에는 아주 애매하고 암시적이면서 기억과 희망에 호소하는 것이 있어서, 아주 미련한 사람이나 매우 냉정한 사람이라도 이 말을 들으면 속에서 아른대는 무엇인가를 느낄 수 있다. 아주 영리한 여자나 아주 저속한 남자라도 사랑이라는 말을 들으면 자신의 인생에서 비교적 가장 덜 이기적이었던 순간을 떠올린다. 에로스가 그들을 데리고 가 버린 적이 절대 없다 할지라도 말이다. 다시 말해, 부모, 자식 혹은 연인의 사랑을 그리워하는 저 수많은 사람, 즉 승화된 성적 본질을 가진 사람들도 그리스도교에서 자신이 찾던 것을 발견했다.

사랑의 기만

우리는 과거의 많은 것을 망각하기도 하고 의도적으로 떠올리기도 한다. 즉, 과거로부터 반짝이는 우리의 이미지가 자신을 기만해 주고 허영심을 부추기기를 바란다. (우리는 끊임없이 이렇게 자신을 속인다.) 그런데 그대는 "사랑에 빠져서 자신을 잊는 것"과 "자신이 다른 인격과 섞이는 것"에 대해 이야기하고 칭송한다. 그대는 이 둘이 근본적으로 다르다고 보는가? 그렇다면 그대는 거울을 부수고, 존경하는 인격 속에 자신을 만들어 넣어서 자아의 새로운 이미지를 즐기는 것이다. 비록 그대는 그 이미지를 다른 인격이라는 이름으로 부르지만 말이다. (그리고 이러한 과정 전체가 자기기만도 아니고 이기주의도 아니라고 말한다! 그대는 정말 이상하다!) 자신이 가지

고 있는 그 무엇을 자신 앞에서 감추는 사람들
과 자신 전체를 자신 앞에서 감추는 사람들은
똑같다. 그들은 인식의 공간 속에서 일종의 도
둑질을 하는 것이다. 이것으로 "너 자신을 알라"
라는 말이 어떤 잘못에 대해 경고하는 것인지 확
실히 알 수 있다.

좋은 우정

좋은 우정은 상대방을 자신보다도 더 지극히 존중할 때, 그리고 자신을 사랑하는 만큼은 아니더라도 상대방을 많이 사랑할 때 성립한다. 그리고 나중에는 관계를 촉진할 수 있는 부드러운 태도와 친밀감을 표현하는 방법을 알고 있지만, 동시에 실제적이고 진정한 친밀성을 삼가면서 자신과 상대방을 혼동하지 않도록 현명하게 유지해 나갈 때만 성립한다.

위대한 사랑의 원천

남자가 여자에게 갑자기 느끼는 깊고 내밀한 열정은 어디서 오는가? 적어도 관능 때문만은 아니다. 남자는 여인에게서 나약함, 도와줄 필요성, 그리고 오만함을 동시에 발견할 때, 자신의 영혼이 몸속에서 넘쳐 오르는 것처럼 느낀다. 다시 말해 그는 감동과 불쾌감을 동시에 느끼는 것이다. 이 지점에서 위대한 사랑의 원천이 시작된다.

마음이 충만하고 강한 사람은 고통스럽고 끔찍한 상실, 궁핍함, 강도 사건, 모욕에도 대처한다. 이뿐만 아니라 더욱 자신 있고 강인하게 그 지옥 같은 상황을 극복할 수 있다. 게다가 가장 중요한 사실은, 그가 행복 가득한 사랑의 성장을 새로이 경험한다는 점이다. 단언컨대, 이러한 사랑의 가장 기본적인 성장 조건을 아는 사람이라면 단테가 지옥의 문에 썼던 다음 글의 의미를 이해할 것이다. "나 역시 영원한 사랑에 의해 창조되었습니다."

오해받는다는 것

전적으로 오해받고 있다면, 오해를 낱낱이 완전하게 풀어 가기는 불가능하다. 자신을 변명하는데 지나친 힘을 낭비하지 않도록 사람들은 이 사실을 잘 알아야 한다.

사랑

사랑을 우상화하는 것은 애초부터 본질적으로 여자들이 만들어 냈다. 여러 방법으로 사랑을 이상화해서 자신의 영향력을 키우고, 남자의 눈에 점점 욕망할 만한 존재로 보이게 했다. 그러나 몇 세기 동안 여자들이 사랑을 이렇게 과대평가하는 데 익숙해지다 보니, 스스로 자신들이 친 그물에 걸려들어서 사랑의 원래 양상을 망각하게 되었다. 그래서 여자들은 남자들보다 더 잘 속아 넘어가고, 자신의 삶에 거의 불가피하게 찾아오는 환멸에 더 시달리게 된 것이다. 물론 자신이 속았다는 사실에 실망할 수 있을 정도의 통찰력과 지적 능력이 있다면 말이다.

우정과 결혼

가장 좋은 친구가 되는 사람은 가장 좋은 배우
자를 얻을 것이다. 좋은 결혼 생활이란 우정을
쌓을 줄 아는 재능에 달려 있기 때문이다.

연애결혼

연애로 맺어지는 결혼(소위 연애결혼)은 오류를
아버지로 하고 고생(결핍)을 어머니로 한다.

장소와 드라마의 일치

배우자와 떨어져서 산다면, 결혼 생활은 더욱 좋아질 것이다.

사랑의 낭비를 경계하며

격렬한 증오를 느낄 때 얼굴을 붉히지 않는가?
그런데 우리는 격렬한 유혹을 느낄 때도 그 감
정의 부당함에 분노해야 한다! 누군가의 사랑
을 느낄 때 마음이 불편하고 답답한 경우가 있
다. 그가 다른 사람에게 주던 애착을 빼앗아 와
서 내게 주는 것일 때는 정말 그렇다.

우리는 선택되고 편애를 받는다는 말을 들을 때
답답해진다! 아, 나는 선택받는 것이 반갑지 않
다. 다시 말해, 나를 그런 식으로 편애하는 사람
이 못마땅하다. 그는 다른 사람들을 희생시키면
서 나를 사랑해서는 안 된다! 이미 나는 혼자서
도 충분히 바쁘다! 그리고 마음이 충만하고 즐
거울 때도 많다. 이처럼 많이 가진 사람에게 다

른 사람들이 간절히 원하는 어떤 것도 절대 주어서는 안 된다.

사랑에 빠지길 원하기

정략결혼을 계획하는 약혼자들은 사랑에 빠지려 노력하는 경우가 많다. 필요에 따라 냉정하게 계산된 의도라는 비난을 불식시키려 하기 때문이다. 같은 방법으로, 이득을 보려고 기독교로 개종한 사람들 역시 진정으로 경건해지려 노력한다. 경건해지는 것을 통해 그들은 종교적인 표정 연기를 쉽사리 해내기 때문이다.

사랑에는 멈춤이 없다

느린 박자를 사랑하는 음악가는 같은 작품이라도 더욱더 느리게 연주하려 할 것이다. 이처럼 어떤 사랑에도 멈춤은 없다.

좋은 결혼의 시험

좋은 결혼은 한 번쯤은 "예외"를 견뎌 냄으로써 지켜진다.

삶의 시곗바늘에 대하여

삶이란, 최고의 의미가 있으나 드물게 일어나는 개별적인 순간들과 기껏해야 그러한 순간들의 그림자일 뿐이면서 우리 주변에 부유하는 셀 수 없이 많은 공허한 틈으로 구성되어 있다. 사랑, 봄날, 아름다운 선율, 산맥, 달, 바다 — 이것들은 모두 우리 마음에 단 한 번만 온전히 말을 걸어온다. 이것들이 한 번이라도 실제로 말을 할 수 있다면 말이다. 사람들은 대부분 그러한 순간을 전혀 경험하지 못하고, 실생활이라는 일종의 교향곡에서 간주 부분이나 휴지부가 되어 버리고 만다.

요령으로서의 사랑

새로운 무엇인가를 진정으로 알고자 한다면, (그것이 인간이든, 사건이든, 책이든) 그대는 이 새로운 것을 가능한 모든 사랑으로 받아들이는 것이 좋을 것이다. 그리고 이 새로운 것을 적대적이고 불쾌하며 잘못된 것으로 보이게 하는 모든 것들을 재빠르게 외면하거나, 아예 잊어버리는 것이 좋을 것이다. 마치 그대가 어떤 책의 저자에게 최고의 출발을 제공하고, 가슴 졸이며 경기를 관람하듯 그가 목표에 도달하기를 열망하는 것처럼 말이다. 사람들은 이런 방법으로 새로운 것의 중심부까지, 그 원동력이 되는 지점까지 꿰뚫어 간다. 이는 바로 새로운 것을 터득하게 되는 것을 의미한다. 그런데 그 지점까지 가면, 다음에는 이성이 제한을 가할 것이다. 새로운 대상을 과대평가하면서 비판을 잠시 멈추는 것은 그의 영혼을 꾀어내는 요령이었을 뿐이다.

우정과 지배의 인간애

"그대가 아침으로 향하니, 나는 저녁으로 향할 것이다." 이러한 식으로 느끼는 감정은, 보다 친밀한 인간관계에서 나타나는 매우 훌륭한 인간애이다. 모든 친구 관계나 동료 관계, 그리고 사제 관계에서 이런 느낌이 없다면, 언젠가 그들의 관계는 위선적으로 변화한다.

신뢰와 친밀함

다른 사람과 의도적으로 친밀해지려 애쓰는 사람은 대체로 자신이 상대방의 신뢰를 얻고 있는지를 확신하지 못하는 사람이다. 신뢰를 확신하는 사람은 친밀함에 큰 가치를 두지 않는다.

궁핍함의 좋은 점

항상 따뜻하고 충만한 마음속에서, 그리고 영혼의 여름 공기와 같은 것 속에서 사는 사람들이 있다. 이들은 겨울과 같은 본성을 가진 사람들이 맑은 2월의 어느 날 사랑의 햇살과 온화한 공기 속에서 느끼는 특별한 기쁨의 전율을 상상할 수 없을 것이다.

자신을 놓아주기

누군가 자기 자신을 놓아주면 놓아줄수록, 다른 사람들은 그를 놓아주지 않는다.

방탕

방탕의 어머니는 즐거움이 아니라, 즐거움의 결
핍이다.

가장 뼈아픈 착각

사랑받고 있다고 확신하는 바로 그때, 자신이 단지 집주인이 손님들 앞에서 허영심을 표출할 수 있는 가구와 실내장식으로만 여겨졌을 뿐이라는 사실을 발견하는 일은 용서할 수 없을 정도로 모욕적이다.

근시안적인 사람들이 사랑에 빠진다

사랑에 빠진 사람을 치료하려면 때로는 도수가 더 높은 안경을 주는 것으로 충분하다. 그리고 지금으로부터 20년 후의 얼굴 혹은 사람을 상상할 수 있는 능력을 지닌 사람이라면 누구나 여생을 매우 순탄하게 보낼 수 있을 것이다.

명인을 사랑하는 것

도제가 명인을 사랑하는 것과 명인으로서 명인
을 사랑하는 것은 다르다.

사랑받는다는 것

두 사람이 서로 사랑에 빠지면, 보통 한쪽은 사랑하고, 다른 한쪽은 사랑을 받는다. 그렇기에 우리는 모든 연애 관계에서 사랑의 총량은 항상 같다고 믿으려 한다. 즉, 한쪽이 더 많이 사랑을 차지할수록 상대편에게 돌아가는 사랑이 줄어든다고 여긴다. 그런데 예외적으로 두 사람다 허영심에 빠진 나머지, 자기가 사랑받아야 한다고 생각해서, 둘 다 사랑을 받으려는 경우가 생기기도 한다. 결혼 생활에서 이런 상황은 다소 우스꽝스럽기도 하고 다소 어리석기도 한 장면이다.

너무 가깝게

사람들과 너무 가까이 지내는 것은, 마치 훌륭한 양각화를 맨손으로 자꾸 만지는 것과 같다. 손 때문에 언젠가 이 작품은 형편없고 더러운 종이가 되어 버릴 것이다. 마찬가지로 인간의 영혼도 끊임없이 접촉하면 결국 닳아 버릴 수 있다. 적어도 우리에게는 그렇게 보인다. (우리는 그 영혼의 원래 형태와 아름다움을 다시 볼 수 없다.) 사람은 여자들이나 친구들과 너무 친밀하게 교제함으로써 항상 무엇인가를 잃게 된다. 때로는 삶의 진주들을 잃어버리기도 한다.

사랑과 미움

사랑과 미움은 맹목적이지는 않지만, 사랑과 미움에 들어 있는 불꽃 때문에 눈이 멀어 버린다.

행복한 결혼

습관화된 모든 것은 더욱더 튼튼해진 거미줄로 우리를 끌어당긴다. 그리고 우리는 곧 가느다란 거미줄이 밧줄이 되어 버렸다는 것과 우리 자신이 거미가 되어 그 한가운데 앉아 있다는 것을 깨닫는다. 거미처럼 우리는 여기에 잡혀 자신의 피를 먹고 살아야 한다. 그래서 자유로운 정신을 가진 사람은 모든 습관과 규칙들, 모든 확정적인 것과 영속하는 것을 증오한다. 이것이 바로 그가 고통을 무릅쓰고 자신을 에워싼 그물을 끊임없이 찢어 버리는 이유이다. 결국은 크고 작은 수많은 상처로 괴로울 것임에도 불구하고 말이다. 왜냐하면, 그는 그 줄을 자신에게서, 자신의 몸과 영혼에서 벗겨 내야 하기 때문이다. 지금까지 증오하고 있었던 그곳에서 그는 사랑하는 것을 배워야 한다. 그리고 그 반대도 배워야 한다. 게다가 과거에 자신이 친절로 가득 채웠던 풍요의 장소를 비우고 그 똑같은 장소에 갈등을 유발하는 요인을 채우는 일도 해야 한다. 바로 여기에서 그가 행복한 결혼에 적합할지 그렇지 않을지가 드러날 것이다.

사랑과 명예

사랑은 갈망하는 것이며 두려움은 회피하는 것이다. 동일 인물에게서 사랑받고 동시에 존경받을 수 없는 이유가 적어도 여기에 있다. 존경하는 사람은 자신이 두려워하고 경외하는 권력을 인식하고 있기 때문이다. 하지만 사랑은 그 어떤 권력도 인식하지 않으며, 분리하고 배제시키며 추켜세우거나 헐뜯는 그 무엇도 인정하지 않는다. 사랑하면 존경하지 않기 때문에 명예욕이 강한 사람들은 사랑을 받는 것을 은근히 혹은 공공연하게 꺼린다.

✿

아주 우울하고 마음이 무거운 사람들은 다른 사람들을 사랑하거나 증오해서 일시적으로 자신의 마음을 가볍게 하는 동시에 상대의 마음을 무겁게 짓누를 것이다.

사랑에 빠진 사람은 상대방이 자신을 사랑하는 것을 깨닫는 순간, 정신을 차린다. "뭐? 나 따위를 사랑할 만큼 시시한 여자인가? 혹시 그 정도로 어리석나? 그게 아니라면… 아니라면…."

정욕은 때때로 사랑이 성장하는 속도를 추월
해서, 뿌리가 약해지고 쉽게 뽑히는 수가 있다.

내가 들어 본 가장 고상한 말, "진실한 사랑을 할 때는 영혼이 육체를 감싼다Dans le véritable amour c'est l'âme qui enveloppe le corps."

반론, 순간적인 탈선, 즐거운 불신, 장난스러운
조롱 등은 건강하다는 표시이다. 절대적인 것은
모두 병적인 것이다.

사랑을 하면, 연인의 고귀하고 숨겨진 특성, 그의 진귀하고 특출한 면이 확연히 눈에 들어온다. 그래서 사랑을 하면, 그 사람의 일상적인 면은 간과되기 쉽다.

성적인 사랑에 대한 지나친 기대와 그러한 기대를 하는 것에 대한 수치심이 처음부터 여자를 보는 안목을 망친다.

이제 새로운 이상을 만들어야 한다

사랑에 빠진 동안에는, 자기 인생에 대해 어떤 결단을 내리면 안 된다. 그리고 아주 충동적일 때, 상대방과의 관계가 어떤 성격인지를 단번에 규정해서는 안 된다. 우리는 연인들의 맹세를 공개적으로 무효라고 선언하고, 그들의 결혼을 허용해서는 안 된다. 왜냐하면 우리는 결혼을 무엇보다도 중요하다고 생각해야 하기 때문이다! 따라서 지금까지 이루어졌던 방식의 결혼은 앞으로는 성사되지 않을 것이다! 결혼은 대부분 어떤 제삼자도 증인이 되고자 하지 않는 것이 아닌가? 그런데 이러한 제삼자, 다시 말해 자식이야말로 거의 늘 존재한다. 더군다나 자식은 증인 이상의 존재, 즉 희생양이다.

두려움과 사랑

사랑할 때보다는 두려워할 때, 인간을 전반적으로 이해할 수 있다. 누군가를 두려워할 때 우리는 상대방이 누구인지, 그가 무엇을 할 수 있는지, 무엇을 하려는지 파악하고자 하기 때문이다. 이 경우에 잘못 파악한다면, 위험과 불이익을 초래할 것이다. 이에 반해 누군가를 사랑한다면 우리는 상대방에게서 아름다운 것을 가능한 한 많이 보고자 하거나, 혹은 상대방을 되도록 높이 평가하려는 은밀한 충동을 느낀다. 이때 우리가 스스로 속는다면, 사랑은 즐겁고 좋은 것이다. 사랑은 오판이다.

사랑을 사랑으로 경험하기 위하여

우리는 자신에게 솔직해지고 자신을 잘 알 필요가 있다. 사랑과 친절이라는 핑계로 다른 사람들을 인도주의적으로 기만하려면 말이다.

결혼 전에 신중히 생각할 점

그녀가 나를 사랑한다면 그녀는 얼마나 성가시겠는가! 또한, 그녀가 나를 사랑하지 않는다면 그때부터 그녀는 결국 또 얼마나 성가신 존재가 될 것인가! 문제는 단지 두 가지 종류의 성가심일 뿐이다. 그러니 결혼하자!

다른 사람들을 즐겁게 하는 것

다른 사람들을 즐겁게 하는 것이 가장 큰 기쁨인 이유는 무엇인가? 우리는 그럼으로써 자신의 50가지 열망을 단번에 이루기 때문이다. 개별적으로는 아주 작은 기쁨일지도 모른다. 그러나 만일 우리가 그것들 모두를 한 손에 쥔다면, 우리 손은 과거 어느 때보다도 가득 차게 된다. 우리의 마음도 마찬가지다.

사랑과 진실

사랑 때문에 우리는 진리를 외면하는 지독한 범죄자가 된다. 그리고 진실처럼 보이는 것을 진실한 것으로 만들어 버리는 상습적인 사기꾼이나 도둑으로 바뀐다. 그러므로 사상가는 자신이 사랑하는 사람들을 때때로 몰아내지 않으면 안 된다. (그렇다고 그 사람들이 반드시 그를 사랑하지는 않을 것이다.) 더는 그들이 사상가에게 가시와 악의를 들이대지 못하도록, 그리고 그를 유혹하지 못하도록 하려면 말이다. 그래서 사상가의 호의는 마치 달처럼 차올랐다가 줄어들 것이다.

사랑하도록 유혹하기

자기 자신을 증오하는 사람을 경계해야 한다. 왜냐하면, 우리는 그의 원한과 복수의 제물로 희생될 것이기 때문이다. 그러므로 어떻게 하면 그가 자신을 사랑하도록 유혹할 수 있는지 생각해 보자!

사랑은 동일하게 만든다

사랑에 빠진 사람은 자신이 사랑하는 사람에게서 이질적인 느낌을 완전히 없애려고 한다. 따라서 사랑은 위장을 하며, 유사함을 가장하는 것으로 가득 차 있다. 사랑은 끊임없이 속이고, 실제로 존재하지 않는 동일함을 연기한다. 더구나 이것은 너무 본능적으로 일어나기 때문에 사랑에 빠진 여자들은 자신들이 이렇게 위장한다는 것, 그리고 아주 달콤하게 계속 속인다는 것을 부인한다. 그러면서 그들은 사랑이 동일하게 만든다(즉, 사랑은 기적을 행한다!)고 대담하게 주장한다. 그런데 이러한 과정은 한 사람이 사랑받고, 자신을 위장할 필요를 느끼지 않으며, 이러한 위장을 오히려 상대인 사랑하는 인간에게 맡길 때는 간단하다. 그러나 두 사람 모두 서로 정

열에 완전히 사로잡혀 있고, 따라서 양쪽 모두
자신을 버리고 상대방과 동일하게 되려고 할 때
는, 더 나아가 그 사람하고만 동일하게 되려고
할 때는 가장 복잡하고 난해한 연극이 되어 버린
다. 그리고 종국에는 두 사람 중 아무도 더 이상
무엇을 모방할지, 자신을 어떤 것으로 위장할지,
어떻게 처신해야 할지 알지 못한다. 아름답고 어
리석은 이러한 연극은 이 세계에서는 너무 훌륭
하고 인간의 눈에는 너무 미묘하다.

빛을 향하여

사람들이 빛을 향해 몰려드는 것은 더 잘 보기 위해서가 아니라, 더 잘 빛나기 위해서이다. 상대방이 나를 빛나게 해 줄 때, 사람들은 그를 기꺼이 빛으로 인정한다.

두 친구

두 친구가 있었다. 그러나 그들은 더 이상 친구이기를 그만두고 우정을 동시에 거둬들였다. 한쪽은 상대방이 자기를 너무 오해한다고 생각해서, 다른 쪽은 상대방이 자기를 너무 잘 이해한다고 생각해서였다. 이렇듯 두 사람은 스스로 잘못 생각했다! 둘 중 누구도 자신을 충분히 알지 못했기 때문이다.

자신을 굳건히 하고, 두 발로 용감하게 버텨 서
야 한다. 그렇지 않으면 그대는 사랑을 할 수
없다.

사랑하는 방법을 배워야 한다

음악을 대할 때, 우리는 이런 일을 경험한다. 먼저 우리는 음악의 주제와 멜로디를 듣는 법을 배워야 하며, 이를 인지하고 구분하며 마치 생명이 깃든 것처럼 분리하는 법과 그 범위를 배워야 한다. 다음으로 이러한 주제와 멜로디가 낯섦에도 불구하고 호의를 가지고 들으려 노력해야 한다. 즉, 음악이 나올 때 표현되는 것을 견디고 괴상한 점이 있어도 관대해야 한다. 그러면 마침내 음악에 익숙해지는 순간이 온다. 우리가 음악을 기다리고, 음악이 없으면 적막해지는 그런 순간이 오는 것이다. 그리고 우리는 계속 반복해서 음악에 강렬히 사로잡혀 진심으로 감동하며 음악을 겸손히 추종하는 애호가가 된다. 그리하여 마침내 음악보다 나은 것은 어떤 것도 세상에서 원하지 않게 된다.

그런데 이는 음악에만 국한된 이야기가 아니다. 우리는 우리가 사랑하는 것들을 어떻게 사랑할지를 위와 같은 방식으로 이전부터 배웠다. 우리가 친숙하지 않은 것에 관해 호의와 인내심을 가지고 공평함, 관용, 그리고 온후함을 보이면 이에 대한 보답을 받는다. 그 친숙하지 않았던 것은 점차 베일을 벗고 새롭고 형언할 수 없는 아름다움을 우리 앞에 드러낸다. 그것이 우리들의 환대에 대한 감사의 표시이다. 자기 자신을 사랑하는 사람들조차 이러한 방식으로 사랑을 알게 될 것이다. 다른 방법이 없기 때문이다. 사랑도 역시, 배워야 한다.

✹

'사심 없음'이라는 것은 천국에서나 이승에서나 아무런 가치도 없다. 큰 문제들은 모두 위대한 사랑을 요구한다. 그리고 위대한 사랑을 행하는 능력은 자신에 대해 확고히 알고 있으며 강하고 원숙하고 확실한 정신을 가진 사람만이 소유할 수 있다. 사상가가 자기의 제 문제들을 개인적으로 풀어서 자신의 운명과 필요, 그리고 최선의 행복에 도달하는가 아니면 그 문제들을 "비개인적"으로 다루어 (요컨대 그 사상가가 냉정한 호기심만 가지고) 접하고 파악하고 있는가는 매우 다른 문제이다.

자기 위장

이제 그녀는 그를 사랑한다. 그리고 마치 암소처럼 저리도 고요한 확신의 눈길로 바라보고 있다. 이제, 조심하라! 그녀가 얼마나 변화무쌍하며 예측 불가능하게 그의 넋을 빼앗았던가! 그는 이미 너무도 안정된 상태였다! 그녀 역시 예전의 성격을 위장하는 것이 좋지 않을까? 무정함을 가장하는 건 어떨까? 이것이 사랑의 조언이 아닐지? 희극 만세Vivat comoedia!

타인에게서 사랑하는 것은 무엇인가? 바로 나의 희망이다.

사랑을 가르치기는 불가능한 탓에 누군가에게 이 대담한 자기 인식의 상태를 만들어 주는 것은 어렵다. 왜냐하면, 오직 사랑함으로써 인간의 영혼은 자기 자신에 대해 명료하고 분석적이며 경멸적인 시선을 얻을 수 있을뿐더러, 자신을 넘어서 바라보려 갈망하고 어딘가 아직 감추어진 더 높은 자아를 온 힘을 다하여 탐색하기 때문이다.

책 소개

독일 철학자 프리드리히 니체(1844-1900)는 서양 철학 전반을 각성시키는 것을 자신의 의무이자 소명이라 생각했다. 그리하여 그는 인간의 도덕과 윤리가 어떻게 거짓, 억압된 본능, 그리고 자명한 진리로 조작된 감정에 근거하는지 밝히고자 하였다. 이 책은 편집자가 30년에 걸쳐서 니체의 작품들과 관련 자료들을 철학이라는 연구대상이라기보다는 인생의 길잡이로 삼아 읽은 결과물이다. 니체는 철학 전반에 대한 체계적인 비판을 통해, 사랑이란 인간의 삶을 억압하는 관습과 진부함을 탈피할 수 있는 경험이라 주장하였다.

니체는 "신의 죽음"을 선언하고, 기존의 모든 가치 체계를 재평가하였다. 그리고 퇴폐와 허무주의를 극복하는 위버멘쉬(초인)를 구상하면서, 현대인들의 "집단 의식"을 비난하였다. 니체는 사랑을 통해서 인간이 스스로를 자신에게 나타낼 수 있으며, "진정한 자신이 될 수 있다"라고 설명하였다. 그는 간결하고 정련된 짧은 경구들로 매우 위대한 통찰을 끊임없이 전달한다. 그 경구들을 통해 니체는 독자들이 철학적 방법을 무조건 따르기보다는 스스로 생각하도록 유도한다.

니체는 특히 서양의 도덕과 종교로 인하여 사랑의 본질이 손상되고 결국은 타락했다고 주장하였다. 현대 문화를 뒷받침하는 낡은 믿음을 제거한다면, 인간은 사랑을 통해서 문명의 억압적인 무게에도 불구하고 자기 자신이 될 수 있으며 타인에게도 진실할 수 있다는 것이다. 니체에게 사랑은 인간 존재의 진실도, 실패한 정치의 해결책도 아니다. 그러나 사랑을 통해 인간은 자기 자신을 인식할 수 있고, 이러한 자기 인식은 타인에 대한 진정한 인식의 기초가 될 수 있다고 보았다.

철학 역사상 가장 위대한 역설가였던 니체는 자신의 저작들이, 파시즘에서 페미니즘에 이르기까지, 격앙된

비판자들이나 열정적인 지지자들의 상반된 입장을 정당화하는 데 이용될 것임을 예견하고 있었다. 니체는 독자들이 지혜를 얻고자 위대한 서적들을 탐독하면서도, 다른 책들은 무시하는 것을 비난하면서 천천히 읽으라고 설득한다. 그는 독자들에게 책을 통달하고자 서두르지 말고, 그 내용을 깊이 생각하고 이해할 것을 호소한다. 사랑을 채근할 수는 없지 않은가. 마치 노래가 그런 것처럼. 니체가 오래전에 지적했듯이, 우리는 진리도 채근할 수 없다.

이 책은 느리게 읽기라는 생각을 따라 제작되었다. 이 책을 펼쳐 어느 부분이든 읽다가 한 구절 혹은 경구가 마음을 두드리면 잠시 멈추기를 바란다. 사랑이 그런 것처럼, 이 책은 끊임없는 시작이어야 하며, 결코 끝나서는 안 된다. 문장 한 줄, 혹은 짧은 단락 한 부분이 여러분에게 말을 걸어올 때, 그 부분을 다시 읽고, 동그라미 치고, 휴대 전화에 입력하고, 그러고 나서 책을 덮기를 바란다. 여러분의 이런 행동은 자신 속의 무엇인가가 니체의 말에 반응했음을 의미한다. 시간과 문화를 가로질러, 정보를 검색하는 독자로부터 정보를 검색하는 작가에게로, 마음에서 마음으로, 생각에서 생각으로 전달되는 이런 식의 대화야말로 가장 순수한 형태의 철학의 본질이다.

프리드리히 니체Friedrich Nietzsche

프리드리히 니체는 1844년 10월 15일 독일의 뢰켄(라이프치히 근처)에서 태어났다. 아버지는 개신교 목사였으며, 외할아버지도 목사였다. 니체의 아버지는 재능 있는 음악가였지만 정신병에 시달렸고, 1849년 젊은 나이로 사망하였다. 그 후 니체는 어머니와 여동생 엘리자베트와 함께 살다가 기숙 학교에 들어갔다. 야심만만한 학생이었던 니체는 어린 나이에 작곡하고 시, 소책자 등을 썼다. 본대학교와 라이프치히에서는 신학과 고전 문학을 공부하였다.

1869년, 니체는 24세에 바젤대학교에서 강의를 시작하였고, 곧 이 대학의 고전 문헌학 교수가 되었다. 그는 학문적 명성을 쌓았고 학생들의 추앙을 받았다. 그러나 1872년 출간된 『비극의 탄생』에서 그리스 문화를 급진적인 시각으로 해석한 것에 대해 혹독한 비판을 받았으며, 이로 인해 돌이킬 수 없는 심각한 타격을 입게 되었다. 니체는 1869년부터 1876년까지 작곡가 리하르트 바그너를 멘토로 삼아 친밀한 우정을 쌓았으나, 결국 1876년에 결별하였다. 그 후 니체는 건강 문제로 항상 고생하였으며 1879년에 대학을 사직하고 독립 작가가 되었다. 여러 가지 건강 문제를 해결하고자 장시간 여행을 다닌 덕에 그는 많은 작품을 집필할 수 있었다.

1882년에 니체는 러시아 태생의 젊은 여성 루 살로메를 만나 사랑에 빠졌다. 그녀는 비범한 사람이었고 관습에 저항하는 지성인이었다. 루 살로메는 니체의 청혼을 거절했으나, 그 후에도 두 사람은 한동안 친구로 남았다. 니체의 여동생 엘리자베트는 여러 방법을 동원하여 그들의 우정을 방해하였고, 이 사실을 안 니체는 여동생과 어머니를 한동안 멀리하였다. 그 후 니체는 적어도 두 명의 여성에게 청혼했지만, 결혼은 하지 않았다.

1885년 엘리자베트는 반유대주의자 베른하르트 푀르스터와 결혼하였다. 푀르스터의 영향을 받은 그녀는 후일 니체의 저작들을 왜곡, 위조하고 날조하였다. 1889년에 니체는 정신병을 앓는데, 이 기간에 자신의 철학을 알리고 위대한 메시지들을 내놓았다. 그러나 망상과 우울증으로 심신이 쇠약해져서 결국은 불능의 상태에 빠져들었다. 어머니가 그를 돌보았으며, 1897년 어머니가 사망한 후 엘리자베트는 니체를 독일의 바이마르로 데려갔다. 니체는 1900년 8월 25일 그곳에서 사망하였다.

생전에 니체는 『비극의 탄생』(1872), 『인간적인, 너무나 인간적인』(1878), 『즐거운 학문』(1882), 『차라투스트라는 이렇게 말했다』(1883), 『선악의 저편』(1886), 『도덕의 계보』(1887), 『우상의 황혼』(1889) 등을 출판하였다. 그의 마지막 저서인 『이 사람을 보라』는 1888년에 집필되어 1908년 그의 사후에 출판되었다. 니체는 생전에 중요한 철학자로 여겨지지 않았지만, 그의 사상은 지금 전 세계의 철학, 정치, 예술, 문학, 심리학 및 대중문화에 헤아릴 수 없이 큰 영향을 주고 있다.

출처

이 책의 출처는 조르조 콜리Giorgio Colli와 마치노 몬티나리Mazzino Montinari가 엮은 『*Kritische Gesamt-ausgabe*』이다. 이 출처의 영어 번역본인 『*(Collected Works) of Nietzsche's works*』를 nietzschesource. org에서 열람할 수 있다.

"고전 철학 연구 개관"(1871): 49

『인간적인, 너무나 인간적인』(2권 1878-1880): 7, 43, 45, 47, 61, 63, 65, 67, 69, 131, 133, 135, 137, 141, 143, 145, 149, 151, 153, 155, 161, 163, 165, 167, 173, 175, 177, 179, 181, 183, 185, 187, 189, 191, 193, 195, 197, 199, 201, 203, 205, 237

『아침놀』(1881): 83, 95, 139, 169, 171, 221, 223, 225, 227, 229, 231, 233, 235, 239

엮은이 울리히 베어Ulrich Baer

하버드대학교에서 학사 학위를, 예일대학교에서 박사 학위를 받았다. 뉴욕대학교에서 교수로 재직하면서 문학과 사진학을 강의하고 있다. '구겐하임, 게티, 그리고 알렉산더 폰 훔볼트 펠로십'을 받았다. 시 연구의 권위자이자 번역가로, 라이너 마리아 릴케의 『*The Dark Interval, Letters on Life, and Letters to a Young Poet*』을 번역하였다. 다른 책으로 『*Spectral Evidence: The Photography of Trauma*』, 『*What Snowflakes Get Right: Free Speech, Truth, and Equality on Campus*』, 『*Dickinson on Love*』와 『*Rilke on Love*』가 있다. 뉴욕에서 거주한다.

옮긴이 최성희

고려대학교 영어교육학과를 졸업하고 동 대학원 영문학과에서 고전 영문학으로 석사 학위와 박사 학위를 받았다. 그 후 영국의 버밍엄대학교 대학원에서 번역학 석사 학위를 받았다. 고려대학교 국제어학원 초빙전임교수, 영미문화연구소 연구교수를 역임하고 고려대학교와 고려대학교-호주 맥쿼리대학교 통번역 대학원에서 번역학 관련 강의를 맡고 있으며, 서울시와 문화관광부 영어 표기법 자문위원, 한국 번역학회 이사로 활동하고 있다. 저서로『AI 시대의 번역: 이론과 실재』,『문화의 번역, 번역의 문화』(공저)가 있으며, 번역서로는『일본 철학사상 자료집』(공역),『그들의 눈은 신을 보고 있었다』가 있다. 연구 논문으로는「『실낙원』의 남북한 번역 양상 연구: 사탄의 재현을 중심으로」,「일제 강점기 아일랜드 번역극의 탈식민성:『월출』과『옥문』을 중심으로」,「번안 소설에 나타난 여성의 재현:『정부원』의 페미니스트 번역 양상 연구」등 다수가 있다.